JULIEN GREEN

CHRISTINE
–
LEVIATHAN

EASY READERS
ER
FACILE A LIRE

Les structures et le vocabulaire de ce livre sont fondés sur
une comparaison des ouvrages suivants :
Börje Schlyter : Centrala Ordförrådet i Franskan
Albert Raasch : Das VHS-Zertifikat für Französisch
Etudes Françaises – Echanges
Sten-Gunnar Hellström, Sven G. Johansson : On parle français
Ulla Brodow, Thérèse Durand : On y va

Rédacteur de serie :
Ulla Malmmose

Rédacteur :
Hanne Blaaberg

Illustrations :
Oskar Jørgensen

ISBN Danemark 87-11-07123-0
www.easyreader.dk

Imprimé au Danemark par
Sangill Grafisk Produktion, Holme-Olstrup

JULIEN GREEN
(1900-)

Julien Green est né à Paris en 1900, mais il est d'origine américaine. Il a longtemps cherché un équilibre spirituel, et en 1916 il s'est converti au catholicisme. Il a hésité entre une vocation religieuse, la peinture et la littérature et a finalement décidé d'achever ses études aux Etats-Unis (1919-1922).

Revenu en France, ce catholique fervent, hanté par le problème du Bien et du Mal, a publié à partir de 1926, à un rythme régulier, romans, études et son célèbre «Journal».

Julien Green a reçu de nombreuses distinctions : Grand Prix de Monaco (1951); élection à l'Académie royale de Belgique; Grand Prix national des Lettres (1966); Grand Prix de l'Académie française (1970); élection à l'Académie française (1971).

Les deux nouvelles, Christine et Léviathan, sont extraites du recueil «Le Voyageur sur la terre» publié en 1930.

CHRISTINE

Nous avions l'habitude de passer l'été près de *Fort-Hope*. La maison avait été construite en 1640 et avait de solides murs en pierre.

J'ai gardé un souvenir clair de la vieille mai-

Fort-Hope, en Rhode Island sur la côte est des Etats-Unis

son *puritaine :* ses longs *couloirs,* ses lourdes portes, ses grandes *pièces.*

un couloir

L'été de ma treizième année, il s'est passé quelque chose d'*étrange* et de triste. Un matin d'août, ma mère m'a *annoncé* l'arrivée de ma tante Judith. C'était une personne plutôt mystérieuse, et nous ne la voyions presque jamais parce qu'elle vivait très loin de chez nous. Je savais qu'elle avait été très malheureuse et que, pour des raisons qu'on ne m'expliquait pas, elle n'avait pu se marier. Je ne l'aimais pas. Elle avait un air triste et dur.

Quelques jours plus tard, je suis descendu au *salon* où j'ai trouvé ma tante en conversation avec ma mère. Elle n'était pas venue

---

puritain, presbytérien
une pièce, ici : chambre
étrange, curieux; qu'on ne peut expliquer
annoncer, dire; communiquer

un salon

une épaule

seule : une petite fille d'à peu près mon âge était avec elle. Ma tante a paru *contrariée* de me voir. Elle a tourné la tête vers ma mère et lui a dit très vite quelques mots que je n'ai pas compris. Puis elle a touché l'*épaule* de la petite

---

contrarié, pas content

fille qui a *fait un pas vers* moi. «Christine,» a dit ma mère, «voici mon petit garçon. Il s'appelle Jean. Jean, donne la main à Christine; embrasse ta tante.»

Christine était belle, si belle que je l'ai *contemplée* en silence. Mes regards ne lui ont pas fait *baisser* les yeux; elle semblait ne pas me voir, mais *fixer* quelqu'un ou quelque chose derrière moi. Ma mère m'a fait revenir à moi. Puis j'ai embrassé ma tante, et elle et Christine *se* sont *retirées.*

Aujourd'hui encore, il m'est difficile de croire que ce que je vais écrire est vrai. Mais je n'*invente* rien. Je n'ai jamais revu Christine, ou plutôt je ne l'ai pas vraiment revue. Ma tante est *re*descendue sans elle, nous avons pris notre repas sans elle et, l'après-midi, elle n'est pas revenue au salon. Vers le soir, ma mère m'a dit de coucher, non au premier *étage,* comme je l'avais fait jusqu'alors, mais au deuxième et loin des chambres où étaient Christine et ma tante. Je ne peux pas dire ce qui

---

faire un pas vers, avancer vers
contempler, regarder avec attention; admirer
baisser, mettre plus bas; diriger vers la terre
fixer, arrêter le regard sur
se retirer, partir; ici : quitter le salon
inventer, créer; fabriquer; imaginer
re-, de nouveau; encore une fois
un étage, voir illustration page 5

s'est passé en moi. Il était *cruel* de penser qu'elle était dans la même maison que moi et que je ne pouvais pas la voir. J'ai prié ma mère de me dire pourquoi Christine n'était pas descendue à déjeuner, mais elle m'a répondu que je n'avais pas à le savoir et que je ne devais jamais plus parler de Christine à personne. Ces mots m'ont *confondu*. A dîner, ma mère et ma tante se sont mises à parler en français. Mais j'ai compris qu'il était question de Christine, car son nom revenait assez souvent dans leur conversation. Enfin j'ai demandé ce qui était arrivé à la petite fille et pourquoi elle ne paraissait ni à déjeuner, ni à dîner. La réponse m'est venue sous forme d'un *soufflet*

---

cruel, dur; terrible
confondre, étonner beaucoup

de ma mère. Je me suis tu.

Mais qui donc était cette petite fille? Ce regard, ne le connaissais-je pas déjà? Mais je pensais à beaucoup d'autres choses qu'à étudier le visage de ma tante.

Plusieurs fois l'idée m'est venue de jeter de petits *cailloux* contre les *carreaux* de Christine

et de la faire venir à la fenêtre, mais, chaque fois, quelqu'un me rappelait au salon.

Je changeais, je devenais *sombre* et n'avais

---

sombre, triste; mélancolique

plus envie de rien. Je ne pouvais même pas lire. Je pensais tout le temps à Christine.

Dès l'arrivée de ma tante, ma mère avait pris l'habitude de m'envoyer à Fort-Hope, tous les après-midi, pour acheter un journal, mais c'était pour m'*éloigner* de la maison à une heure où Christine devait se promener.

Cela a continué ainsi pendant deux longues semaines, et je n'espérais plus la revoir.

Un soir du début de septembre, nous avons eu de l'*orage* après une journée très chaude.

un orage

Comme je montais à ma chambre, j'ai entendu un bruit que je ne peux *comparer* à rien. Je me suis mis à monter plus vite, mais un cri,

---

dès, immédiatement après; depuis
éloigner, faire aller loin
comparer, mettre en parallèle; rapprocher

qui me faisait penser à l'appel d'une bête, m'a arrêté. Je suis resté là, *stupide* de *terreur*. Après un moment, le bruit est devenu plus fort, et j'ai compris alors que c'était quelqu'un, Christine sans doute, qui essayait d'ouvrir une porte. Enfin, j'ai retrouvé assez de courage pour courir dans ma chambre. Là, je suis tombé à *genoux* et je me suis mis à prier.

un genou

Le lendemain matin, au salon, j'ai trouvé ma tante en *larmes*, assise à côté de ma mère qui lui tenait les mains. Elles n'ont pas fait attention à moi, et je me suis assis un peu en arrière des deux femmes. J'ai ainsi appris que l'orage

---

stupide, très étonné; paralysé d'étonnement
une terreur, très forte peur
le lendemain, le jour suivant

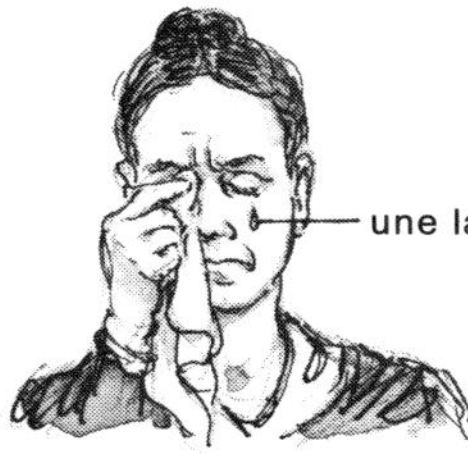

de la nuit dernière avait fait très peur à la petite fille. Elle avait appelé, essayé de sortir de sa chambre et *s'*était *évanouie*.

J'étais dans ma chambre, deux heures plus tard, quand ma mère est entrée. Elle portait sa *capeline* de voyage et un long *châle*. «Jean,»

---

s'évanouir, perdre connaissance

m'a-t-elle dit, «la petite fille que tu as vue le jour de l'arrivée de ta tante, Christine, n'est pas bien. Ecoute-moi. Nous allons toutes deux, cet après-midi, à *Providence* chercher un médecin. Christine va rester ici, et c'est Dinah qui s'occupe d'elle. Veux-tu me promettre que tu ne vas pas aller près de la chambre de Christine?» J'ai promis. Ma mère est partie avec ma tante, quelques minutes après déjeuner.

Après quelque *hésitation* je suis monté, après *m'*être *assuré* que Dinah, la femme de chambre, qui avait porté le déjeuner à Christine, était bien redescendue. Je m'étais mis à courir dans le long couloir, et, après un moment, je me suis arrêté devant la porte de Christine. Je n'ai pas pensé à frapper, et j'ai essayé d'ouvrir la porte, mais elle était fermée à clé. J'ai entendu Christine qui marchait dans la chambre. Au bruit que j'avais fait, elle *s'*était *dirigée* vers la porte, mais elle ne l'a pas ouverte.

J'ai frappé, doucement d'abord, puis de plus en plus fort, *en vain.* J'ai appelé Christine,

---

Providence, capitale de Rhode Island
une hésitation, doute; résistance; scrupule
s'assurer, contrôler
se diriger, aller; avancer
en vain, sans résultat

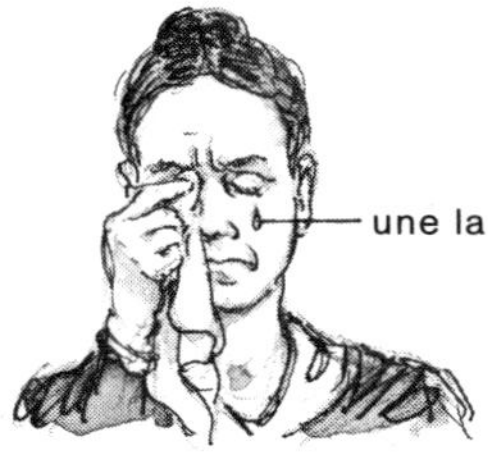

de la nuit dernière avait fait très peur à la petite fille. Elle avait appelé, essayé de sortir de sa chambre et *s'était évanouie*.

J'étais dans ma chambre, deux heures plus tard, quand ma mère est entrée. Elle portait sa *capeline* de voyage et un long *châle*. «Jean,»

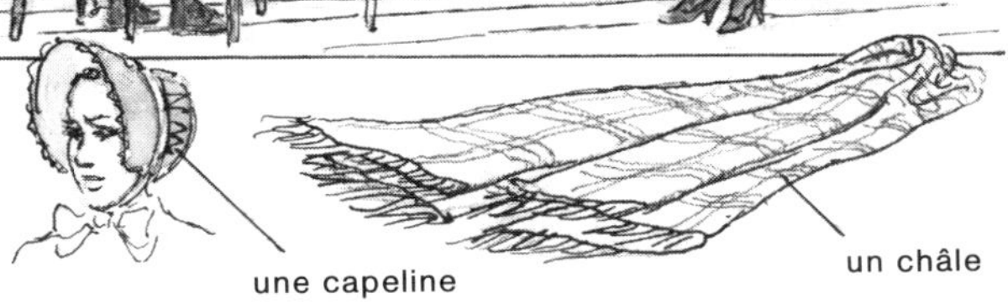

---

s'évanouir, perdre connaissance

m'a-t-elle dit, «la petite fille que tu as vue le jour de l'arrivée de ta tante, Christine, n'est pas bien. Ecoute-moi. Nous allons toutes deux, cet après-midi, à *Providence* chercher un médecin. Christine va rester ici, et c'est Dinah qui s'occupe d'elle. Veux-tu me promettre que tu ne vas pas aller près de la chambre de Christine?» J'ai promis. Ma mère est partie avec ma tante, quelques minutes après déjeuner.

Après quelque *hésitation* je suis monté, après *m'*être *assuré* que Dinah, la femme de chambre, qui avait porté le déjeuner à Christine, était bien redescendue. Je m'étais mis à courir dans le long couloir, et, après un moment, je me suis arrêté devant la porte de Christine. Je n'ai pas pensé à frapper, et j'ai essayé d'ouvrir la porte, mais elle était fermée à clé. J'ai entendu Christine qui marchait dans la chambre. Au bruit que j'avais fait, elle *s'*était *dirigée* vers la porte, mais elle ne l'a pas ouverte.

J'ai frappé, doucement d'abord, puis de plus en plus fort, *en vain.* J'ai appelé Christine,

---

Providence, capitale de Rhode Island
une hésitation, doute; résistance; scrupule
s'assurer, contrôler
se diriger, aller; avancer
en vain, sans résultat

je lui ai parlé, je lui ai dit que j'étais le neveu de tante Judith. Enfin, je *me* suis *agenouillé* devant la porte et j'ai regardé par le *trou de la serrure*. Christine était debout devant la porte. Une longue chemise de nuit la couvrait. Ses yeux avaient ce regard que je n'avais pas oublié. Elle m'a paru plus belle encore que je l'avais cru et j'étais *hors de moi* à la voir si près sans pouvoir me jeter à ses pieds. Enfin, j'ai *fondu en larmes*.

Après un certain temps, j'ai eu une idée qui m'a rendu courage. J'ai écrit avec de grosses lettres «Christine, ouvre-moi, je t'aime», sur un morceau de papier, que j'ai *glissé* sous la porte.

---

s'agenouiller, se mettre à genoux
hors de soi, agité; mouvementé; nerveux
fondre en larmes, commencer à pleurer
glisser, faire passer

Par le trou de la serrure, j'ai vu Christine prendre le morceau de papier, qu'elle a tourné et retourné, sans paraître comprendre ce que j'avais écrit. Puis elle l'a laissé tomber et s'est dirigée vers une partie de la chambre où mon regard ne pouvait la suivre. Je l'ai appelée très fort et lui ai promis un cadeau si elle m'ouvrait la porte. Ces mots m'ont donné une autre idée.

Je suis vite monté à ma chambre, et dans mes tiroirs, j'ai cherché quelque chose à lui offrir, mais je n'avais rien. Je suis alors allé dans la chambre de ma mère, mais je n'ai rien trouvé. Enfin, j'ai *aperçu* la valise que ma tante avait apportée avec elle. Cette valise était ouverte. Après avoir cherché quelque temps, j'ai *découvert* un petit *coffret* qui *contenait* des *rubans* de couleur et quelques *bagues*. Une de ces bagues m'a plu tout de suite. Elle était *ornée* d'un petit saphir.

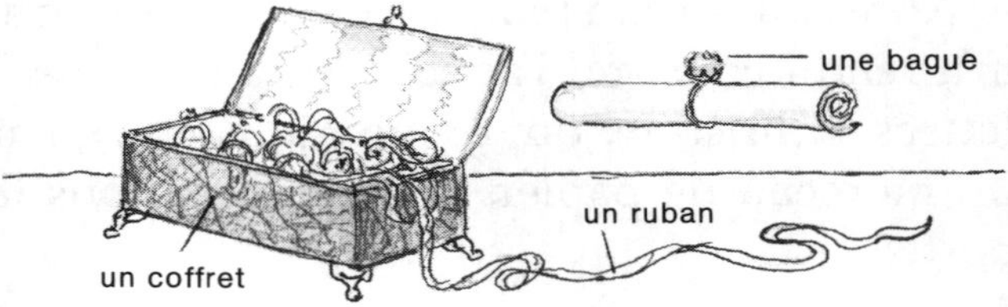

apercevoir, voir; remarquer
découvrir, trouver; voir
contenir, avoir en soi
orner, rendre plus beau

Je suis retourné à la chambre de Christine, je l'ai appelée, mais elle est seulement venue près de la porte comme la première fois. Alors, j'ai glissé la bague sous la porte et dit : «Christine, voici ton cadeau. Ouvre-moi.» Christine a pris la bague. Puis elle a essayé de la passer à son *pouce,* mais la bague s'arrêtait un peu *au-dessous de* l'*ongle.* Je lui ai crié :

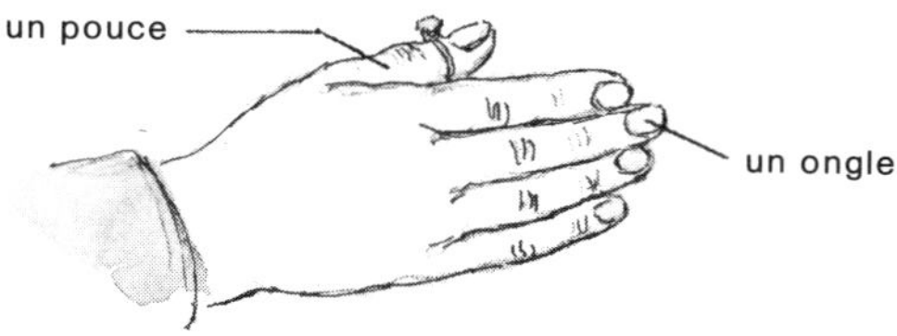

«Non, pas à ce doigt-là!» mais elle n'entendait pas ou ne comprenait pas. Puis elle a *agité* la main : la bague avait passé. Elle l'a *admirée,* puis elle a voulu l'enlever. Elle a tiré *de toutes ses forces,* mais en vain. Enfin, elle s'est jetée sur son lit et a crié de colère.

Je *me* suis *enfui.*

elle agite la main

---

au-dessous de, plus bas que
admirer, regarder avec contentement
de toutes ses forces, tout ce qu'elle pouvait
s'enfuir, s'éloigner vite

Quand ma mère et ma tante sont revenues, trois heures plus tard, avec un médecin de Providence, j'étais dans ma chambre, pris par une peur sans nom. Je n'ai pas osé descendre à l'heure du dîner.

Vers cinq heures le lendemain matin, un

bruit de *roues* m'a éveillé et je suis allé près de la fenêtre. J'ai vu s'avancer jusqu'à notre porte une voiture à deux chevaux. Ma femme de chambre a aidé le *cocher* à mettre la valise de ma tante sur le haut de la voiture; puis ma tante a paru au bras de ma mère. Un homme les suivait (sans doute le médecin de Providence, qui avait passé la nuit chez nous), il tenait Christine par la main. Elle portait une grande capeline qui lui cachait le visage. Au pouce de sa main droite, j'ai vu la bague, qu'elle n'avait pas pu enlever.

2*

Ni ma mère, ni ma tante, que j'ai revue, seule, quelques mois plus tard, ne m'ont dit un mot de toute cette affaire, et j'ai vraiment pensé l'avoir *rêvée*.

L'été suivant, ma tante n'est pas venue, mais quelques jours avant *Noël*, elle nous a fait une visite d'une heure. A sa main, j'ai vu le petit saphir.

---

rêver, voir pendant qu'on dort
Noël, le 25 décembre

Questions

1. Qui raconte l'histoire de Christine?
2. Où a-t-elle lieu?
3. Qu'est-ce que Jean pense de Christine?
4. Que fait la mère pour éloigner Jean de Christine?
5. Comment est-ce que Jean essaie de revoir Christine?
6. Que se passe-t-il avec Christine, d'après vous?
7. Qui est Christine, d'après vous?
8. Quelle peut être l'idée de Julien Green?

LEVIATHAN

Il y avait cinq minutes qu'il attendait sur le quai, devant la «Bonne *Espérance*». Il était grand et portait un vieux manteau avec de grandes poches; un chapeau cachait son visage. Une grande valise était posée à ses pieds.

Quand on est venu le chercher, il a pris lui-

un léviathan, animal terrible, surtout connu du Livre de Job de la Bible, voir vignette page 32
une espérance, du verbe espérer; attente

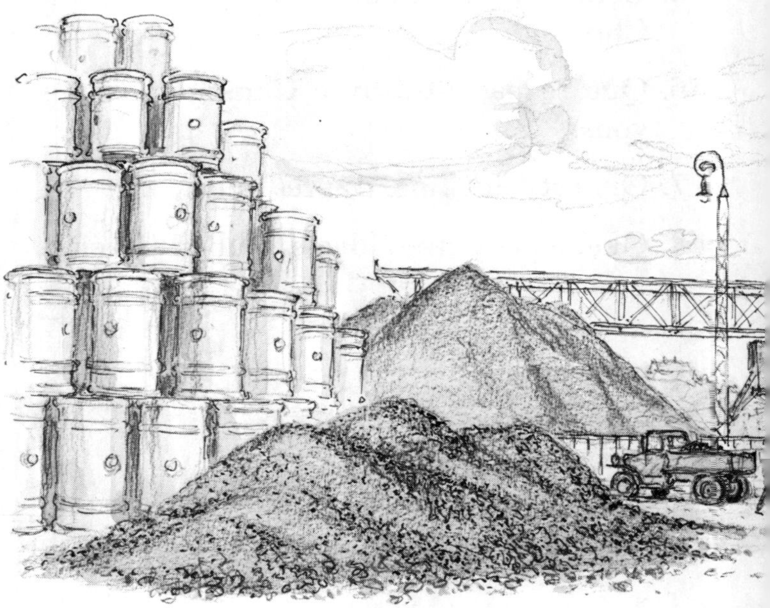

même sa lourde valise, et on l'a conduit à sa *cabine.*

Là, il a fermé le *hublot,* tiré le petit *rideau* et enlevé son chapeau. C'était un homme d'*une quarantaine d*'années, au visage triste. Après avoir mis sa valise sur sa *couchette,* il l'a ouverte et a sorti ses affaires.

un navire

---

une cabine, un hublot, un rideau, une couchette, voir illustration page 24
une quarantaine de, approximativement 40; un peu plus ou un peu moins de 40

Vers la fin de la journée, un *matelot* est venu lui demander de dîner à la salle à manger. Il n'a pas répondu tout de suite et a voulu savoir d'abord à quelle heure la «Bonne Espérance» levait l'*ancre*. On lui a dit que c'était pour onze heures du soir.

– Bon, je ne vais pas dîner.

Et il n'a pas quitté sa cabine.

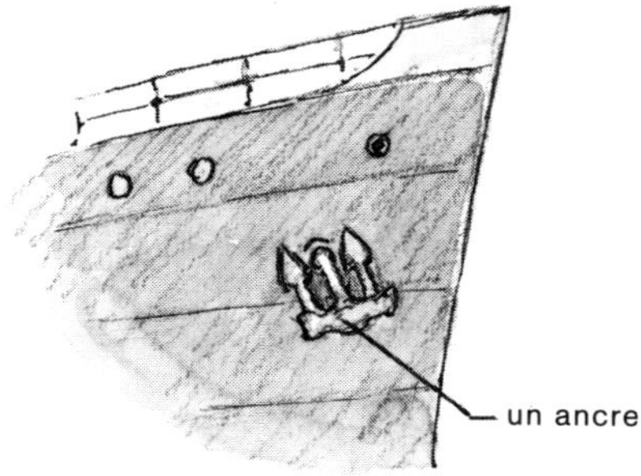

Le lendemain, le *capitaine* Suger l'a fait prier de venir le voir. Il lui a dit :

– Monsieur, vous savez que je ne reçois presque jamais de *passagers*. Mon *navire* est avant tout un navire de *commerce*.

Il s'est arrêté pour donner le temps au seul passager de la «Bonne Espérance» de lui dire merci. Mais l'homme ne disait rien. Le capitaine a mis les mains dans les poches et s'est tenu sur *la pointe des pieds*.

– Je dois vous demander vos papiers, a-t-il dit enfin.

– Je vais donc vous les montrer, si c'est nécessaire, a dit doucement le passager.

– Ici, ce que je veux est toujours nécessaire.

---

un capitaine, chef d'un bateau
un passager, personne qui voyage
un navire, voir illustration page 23
le commerce, opérations de vendre ou d'acheter; affaires
la pointe du pied, voir illustration page 26

la pointe du pied

L'homme a *retiré* son *passeport* de la poche de sa veste. Le capitaine l'a regardé avec la plus grande attention. Puis il l'a rendu au passager.

un passeport

– Drôle d'idée de voyager sur un navire de commerce. Vous savez qu'on *met* vingt jours.

– Je sais, a dit l'homme.

– Bien sûr, c'est un peu moins cher. C'est pour cela sans doute que . . .

Mais l'homme se taisait.

– Et puis, a dit le capitaine, *cela ne me regarde pas* . . .

Il a eu un mouvement d'épaules et a tourné le dos au passager qui s'est retiré.

Ces premiers jours étaient assez durs pour le passager. Il n'avait pas du tout l'habitude de la mer. La plus grande partie du jour, il restait dans sa cabine où il paraissait se plaire. Il avait arrangé autant que possible sa cabine.

---

retirer, enlever; faire sortir
mettre, ici : employer (pour le voyage)
cela ne me regarde pas, cela n'est pas mon affaire

3*

Sur sa couchette, il avait jeté une *couverture* beige qu'il avait apportée. Il avait enlevé l'*antimacassar* qui se trouvait sur le *dossier* du fauteuil. Il avait apporté quelques livres qui occupaient une *planchette.*

Un jour que le capitaine l'a rencontré dans les couloirs, il lui a dit :

– Vous savez, vous êtes mon *hôte;* vous devez prendre vos repas à ma table.

L'homme n'a pas répondu tout de suite.

– Dites donc, a dit alors le capitaine, est-ce que vous parlez quelquefois?

L'homme a fait une sorte de sourire et s'est retiré.

A partir de ce jour, ils ont pris leurs repas à la même table, dans une petite pièce à l'avant du navire. Par de grands hublots, on pouvait voir toute la ligne de l'horizon.

– Ici, disait Suger, on sent vraiment qu'on est en mer.

Il n'aimait pas la terre, les villes. Il aimait seulement la *solitude* de son navire.

– Mais vous! Parlez-moi de vous. Vous ne dites rien.

C'était vrai. L'homme ne disait rien. Il mangeait en silence, regardait le capitaine à tra-

---

un hôte, ici : invité

la solitude, isolement; situation d'une personne qui est seule

une couverture

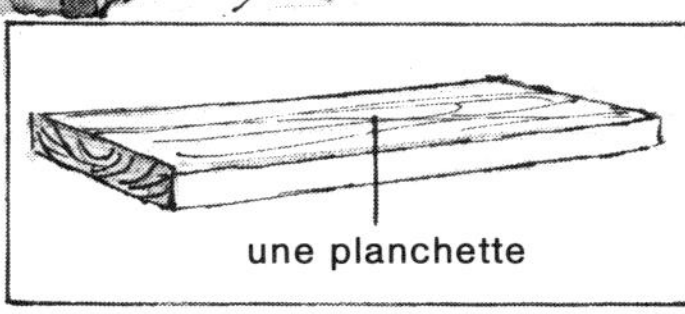
une planchette

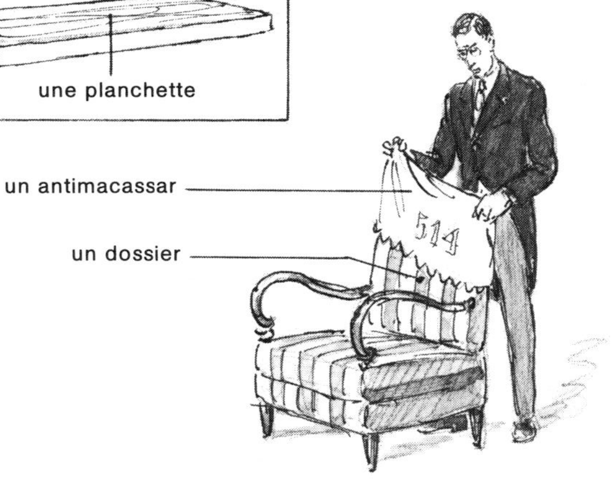
un antimacassar
un dossier
514

vers son *lorgnon*. Quelquefois, un grand *désespoir* passait sur son visage, mais cela était très rapide, et le capitaine ne le remarquait pas. Dans ces moments, le passager enlevait toujours son lorgnon et baissait un peu la tête.

– Mais oui, vous ne dites jamais rien. Mais encore quelques jours de mer, et vous allez parler.

Le passager a *haussé* les épaules.

Le capitaine avait sans doute raison. Une semaine à bord d'un navire de commerce,

---

un désespoir, manque d'espérance
hausser, lever

c'est-à-dire la solitude, cela change un homme. Il faut parler, se faire des amis. Il faut *échapper à* l'*ennui* des journées, à la mer, à ce léviathan qui le *guette* et l'*accompagne* en silence.

Le capitaine aimait *observer* les gens, et le passager était donc une *distraction* pour lui. Après tout, il aimait ce silence qui l'avait irrité tout d'abord; il rendait le jeu plus intéressant.

échapper à, se tirer de; sortir de; fuir
un ennui, tristesse; mélancolie; monotonie
guetter, attendre
accompagner, aller avec
observer, regarder avec attention
une distraction, amusement

un léviathan

Mais le voyageur semblait décidé à se taire. Il était *visible* que les regards du capitaine lui *déplaisaient* et qu'il trouvait les heures des repas très *désagréables,* mais il essayait de ne pas le montrer. Il avait peur du capitaine, qui croyait que c'était un *orgueilleux misanthrope.*

Au bout de la troisième semaine, le capitaine *en avait assez,* et le silence du passager n'était plus intéressant.

Un jour, pendant qu'il se levait de table, le capitaine a dit à son invité :

– Vous savez, nous arrivons après-demain.

L'homme a levé la tête. Le capitaine lui a sans doute fait peur. Il a enlevé son lorgnon et a répondu :

– Je sais.

Il paraissait si *abattu* que Suger lui a demandé :

---

visible, qui peut être vu
déplaire, ne pas plaire
désagréable, pas agréable
orgueilleux, fier; arrogant
un misanthrope, personne qui n'aime pas les êtres humains
en avoir assez, être fatigué de qc
abattu, faible; fatigué

– Vous n'êtes pas malade?

L'homme a *secoué la tête.*

Il s'en est allé, mais un mouvement du navire l'a jeté contre une des *chaloupes* sur le *pont.*

– N'ayez pas peur, lui a crié le capitaine, qui le suivait de loin.

secouer la tête, faire signe que non

Et il l'a conduit à sa cabine.

Ce jour-là, le capitaine a posé moins de questions que d'habitude, et il semblait vouloir être plus *aimable.* Le voyageur mangeait très peu et restait presque tout le temps *courbé* sur son assiette.

Le dernier jour, quand les deux hommes se sont mis à table pour la dernière fois, le ciel était clair.

– Hé bien, a dit le capitaine, quittons-nous comme de bons amis, buvons à la santé l'un de l'autre.

L'homme a eu un air étonné et malade. Il a levé son verre, mais après un moment il l'a laissé tomber sur la *nappe* et le *tapis.*

– J'ai quelque chose à vous dire, a-t-il dit doucement.

Le capitaine a paru très étonné et a ri :

– Je savais bien que vous alliez parler. Je connais la mer.

---

aimable, gentil; agréable
courbé, qui est comme une *courbe*

Et il a vu que le voyageur *tremblait.*

– On peut tout me dire, vous savez.

Alors le voyageur a posé les deux mains sur la table et a baissé la tête. Puis il a raconté son histoire.

Après l'avoir écoutée jusqu'au bout, le capitaine a posé son verre et a dit :

– Hé bien?

– Hé bien, c'est tout, a répondu le passager.

---

trembler, faire de petits mouvements (parce qu'on est malade ou nerveux)

– Comment! C'est pour cela que vous partez. Vous viviez tranquille en France . . .

– Je n'étais pas tranquille.

– Mais personne ne vous *soupçonnait.*

Le voyageur a secoué la tête.

– Allons, a dit le capitaine, il y a autre chose, sûrement. Cela est à peine un *crime!*

A ces mots, le voyageur a levé les yeux et a regardé le capitaine. Il a frappé la table de son *poing* et a crié :

– Tout ce que je viens de vous dire n'est pas

---

soupçonner qn, penser que qn a fait du mal
un crime, acte très mauvais, par exemple vol, meurtre

vrai! Je ne suis pas un *criminel.*

– Alors, pourquoi me racontez-vous tout cela? a demandé le capitaine.

– Parce que vous m'avez poussé. Vous me regardez tout le temps, vous me posez toutes sortes de questions.

Il a frappé du poing encore une fois sur la table et a crié :

– J'avais peur. Vous m'avez fait peur. Je vais en Amérique pour mes affaires. Je ne suis pas du tout un criminel.

Le capitaine a haussé les épaules d'un air tranquille et a souri.

– Si, a-t-il dit, mais n'ayez pas peur. Je ne parle pas.

Le voyageur a baissé la tête et son lorgnon est tombé sur la table. A ce moment, quelqu'un à l'avant du navire a crié : «Terre!».

– Terre! a répété le capitaine.

Et il est sorti d'un air important.

Il a descendu le petit escalier qui conduisait sur le pont et a donné des *ordres* à des hommes qui passaient.

Ensuite, il s'est retourné vers la salle à manger. Il a mis les mains de chaque côté de son visage et a crié :

---

un criminel, personne qui a fait un crime
un ordre, instruction

– Hé là! voyageur! Nous arrivons.

Mais il y avait quelques minutes déjà que le voyageur était mort.

Questions

1. L'histoire de Léviathan, où a-t-elle lieu?
2. Comment est-ce que le passager s'est installé?
3. Qu'est-ce qu'un léviathan?
4. Pourquoi attend-on un changement chez un homme qui voyage sur un navire de commerce?
5. Qu'est-ce que le passager pense du capitaine?
6. Qu'est-ce que le capitaine pense du passager?
7. Vous croyez que le passager est un criminel?
8. Pourquoi est-ce que le passager raconte son histoire au capitaine?
9. Quelle peut être l'idée de Julien Green?

TABLE DES MATIÈRES